D d	E e	F f	
L l	M m	N n	O o	P p
V v	W w	X x	Y y	Z z
Eu eu	Sch sch	Sp sp	St st	Ch ch

Mimi
die Lesemaus

Neubearbeitung
Ausgabe B

von

Waltraud Borries und Edith Tauscheck

illustriert von

Christoph Eschweiler, Aille Hardy,
Edda Köchl und Frank Ruprecht

Oldenbourg

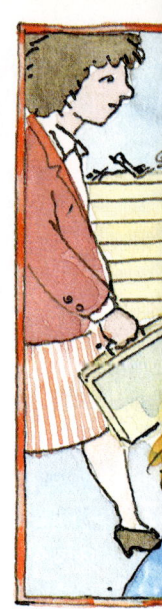

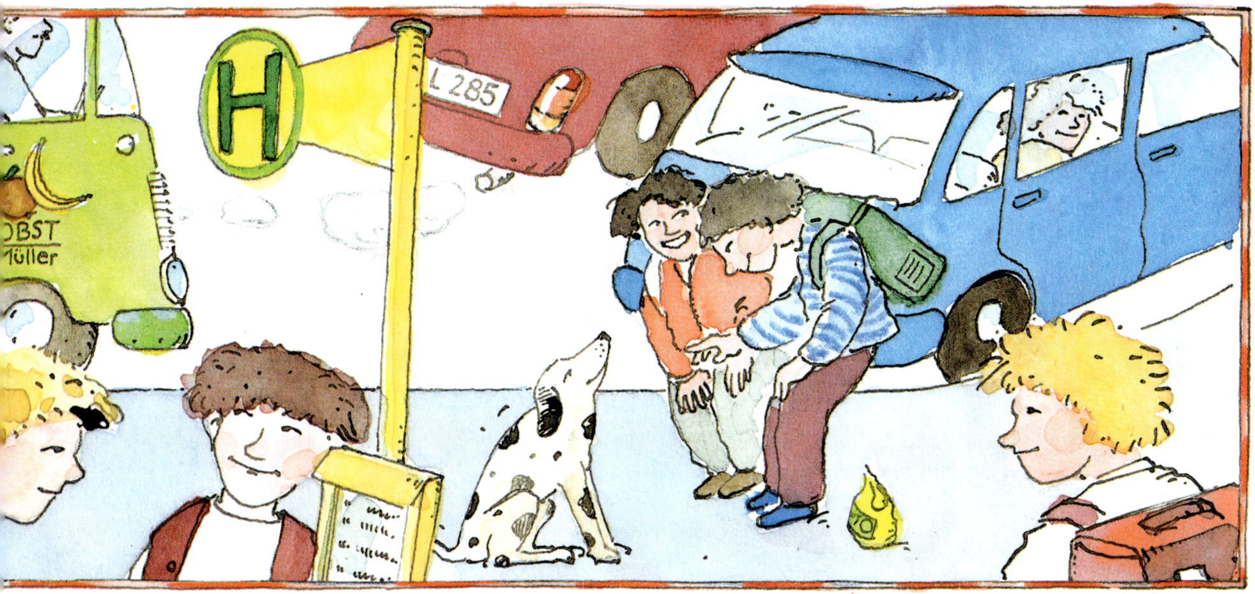
H
L 285
OBST
üller

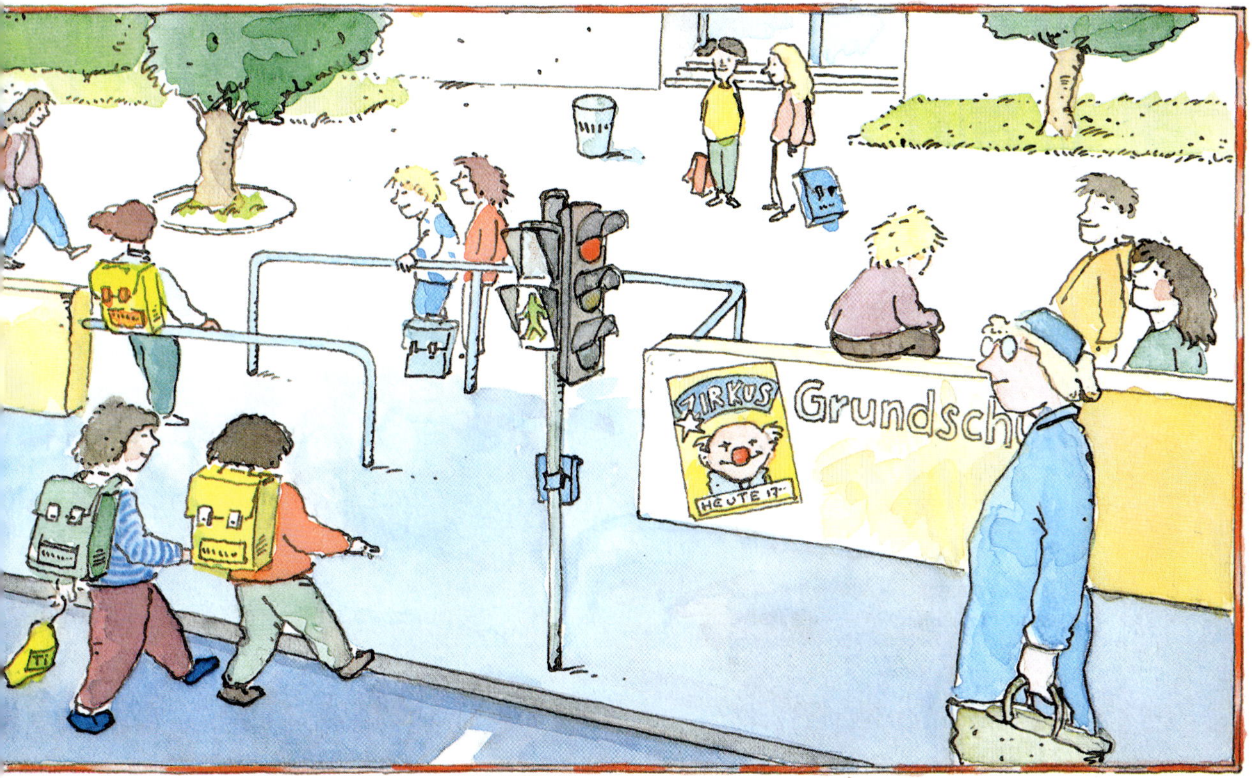
ZIRKUS
HEUTE 17-
Grundschu

4

5

Grundschule

Mm

6

Zum Vorlesen

Eins, zwei, drei, vier,
auf dem Klavier
sitzt eine Maus
und du musst raus.

Ene bene subtrahene,
divi davi domino,
Eck, Speck, Dreck
und du bist weg.

Maus

Milch

Schirm

Baum

Blume

Limo

7

O

Oma

Opa

Ofen

Osterhase

Obst

Tomate

Mond

Rose

Brot

Schokolade

Krokodil

Oo

Die kleine Fußballmannschaft

Wir haben einen Ball
aus Gummi oder Leder.
Wir spielen überall,
willkommen ist ein jeder.

Bei uns stürmt jeder vor.
Wer will schon hinten bleiben?
Oft treffen wir das Tor
und auch die Fensterscheiben.

nach Herbert Erdmann

Radio

Limo

Auto

Foto

Otto

Zum Trost

Wo tut's weh?
Trink ein Schlückchen Tee.
Drei Tage Regen,
drei Tage Sonnenschein,
dann wird's wieder besser sein.

11

Mimi ist am

Mimi ist im

Mimi ist im

Mimi ist am

ist Mimi im

12

J i

Die Wohnung der Maus

Jch frag die Maus:
Wo ist dein Haus?
Die Maus darauf erwidert mir:
Sags nicht der Katz, so sag ichs dir.

Treppauf, treppab,
erst rechts, dann links,
dann wieder rechts
und dann gradaus –
da ist mein Haus,
du wirst es schon erblicken!

Die Tür ist klein,
und trittst du ein,
vergiss nicht dich zu bücken.

Johannes Trojan

Jgel

Jndianer

Jnsel

Krokodil

Mimi

Pinsel

Pilz

Mimi

Omi

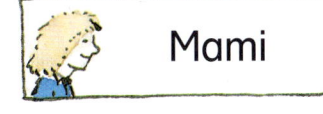

Mami

13

Lamm

Esel

Lama
Lamm

L
La
Lam
Lama

Ll

Elefant

Lama

Kamel

Zum Vorlesen

Das Lama ist eine Kamelart.
Du kannst es im Zoo sehen.

Jn Südamerika wird das Lama
als Haustier gehalten. Es muss
auf den steilen Bergwegen
Lasten tragen. Es liefert auch
sehr feine, weiche Wolle.

Wenn das Lama Angst hat,
spuckt es.

Lotta malt

Ali malt mit   malt Mimi mit

16

T t

Timo malt

Oma malt

Zum Vorlesen

Tischlein deck dich

Der dritte Sohn
erhielt für seine Arbeit
einen Sack
mit einem Knüppel drin.

Wenn er zu dem Knüppel sagte:
„Knüppel aus dem Sack",
so sprang der Knüppel heraus
und prügelte jeden,
der ihm etwas zuleide tun wollte,
bis er rief:
„Knüppel in den Sack".

17

Mimi zaubert alles rot

mora mora mori
mira mira lori
lora lira lot
ist rot rot rot

Rr

19

Sissi rast los.
Lotta rast.

Lotta rammt Timo.
Lottas Arm ist rot.

Ss

20

Itzli-pitzli-Rabenfuß,
rate mal, wer suchen muss!
Itzli-pitzli-buh,
nämlich du!

Janosch

Zickel, zackel, zockel,
der Ochse ist kein Gockel,
der Gockel keine Maus,
und du musst raus!

21

Der Herbst, der Herbst,
der Herbst ist da!
Er bringt uns Spaß, hei hussassa!
Rüttelt an den Zweigen,
lässt die Drachen steigen.
Heia hussassa,
der Herbst ist da.

Was ist los?
Wo ist Timo?
Was will Timo?

Ww

Timo, was ist los?
Wo?

Willi 15520
Wilma 23161
Oma 42233
Ali 24668
Was will Wilma?
Was ist los?

Was ist los?

Was will Mutti?

Was tut Ursula?

Wo ist Uta?

Wo ist Susi mit Tasso?

Warum ist Timo im Turm?

24

Geisterstunde

Wenn alles schläft um Mitternacht,
im Turm der kleine Geist erwacht.
Er huscht über die Treppe
mit seiner langen Schleppe,
klopft leise an die Fenster,
weckt alle Schlossgespenster.
Und nur der liebe Mond kann sehn,
wie die Gespenster tanzen gehn.

Sylvia Baumgartner

Die Legende von Sankt Martin

Sankt Martin lebte vor langer Zeit.
Er war ein frommer und guter Mann.
Eines Tages ritt er mit seinem Pferd
durch das Stadttor.
Da sah er einen Bettler sitzen.
Der hatte nur Lumpen am Leib
und fror und hatte Hunger.
Der arme Mann zitterte vor Kälte.
Martin hatte Mitleid mit ihm.
Wie sollte er ihm helfen?
Da zog er sein Schwert,
nahm seinen warmen Umhang
und schnitt ihn mitten durch.
Die eine Hälfte reichte er dem Bettler,
die andere wickelte er sich
um die Schultern.
Schnell ritt Martin weiter.

Können auch wir helfen?

Was ist mit Doris?

Zum Vorlesen

Getuschel

Die da
ist mit
der da da
und
der da
ist mit
dem da da.

Jürgen Spohn

Doris, Dora!

Jda, dalli!

Jst Jda da?

29

Das ist Emils Esel.

Was ist los?

Was will der Esel?

Warum ist er so matt?

Emil redet mit dem Esel:

Willst du Wasser?

Willst du Salat?

Der Esel wird wild: ia ia ia!

Er will Torte mit Limo.

Roller	Trommel
Teller	Esel
Mutter	Elster
Wasser	Sessel

Wetter

Distel

Ee

31

Mit Nadel und Wolle malen

Nina sammelt Wolle.

Nina will mit

Nadel und Wolle malen.

Rate, was es wird.

Es soll Mutters  werden.

Wer malt Sonne und Mond?

Werner nimmt nur rote Wolle.

Was malt er?

Annette malt anders.

Nn

Liebe Oma!

Zum Geburtstag schenke ich dir etwas.
Es ist ein Geheimnis, ich verrate es nicht.
Wir haben in der Schule das Häkeln gelernt.
Mit Mutti häkle ich einen Schal.
Dein Geheimnis wird ein ganz langes Geheimnis.
Liebe Oma, ich verrate es nicht!
                    Deine Ursel   *Richard Meier*

33

Zum Vorlesen

Tragt in die Welt nun ein Licht,
sagt allen: Fürchtet euch nicht!
Gott hat euch lieb, Groß und Klein!
Seht auf des Lichtes Schein!

Tragt zu den Kindern ein Licht,
sagt allen: Fürchtet euch nicht!
Gott hat euch lieb, Groß und Klein!
Seht auf des Lichtes Schein!

Tragt zu den Kranken ein Licht,
…

W. Longardt

Rembrandt, Hirtenanbetung

Schlitten   Schnee
Schluss   Schnur
schlimm   schnell

Sch sch

Schlitten

Der Schnee ist da!
Der erste Schnee!
Mit dem Schlitten an der Schnur
rennen Dino und Natascha los.

Schnell und schneller wird der Schlitten.
Dino und Natascha landen im Schnee.

Schnee ist im Mund.
Schnee ist in der Nase.
Jst das schlimm?

So fuhr man früher
mit Schlitten auf
dem Eis spazieren.

Achtung, der
Briefträger kommt!

Ein Polizist auf
Kontrollfahrt.

Dieser Schlitten heißt
„Fliegende Untertasse".

37

Wer ist nett?

Reiner weint.
Er ist erst drei Monate alt.
Roman schmust mit Reiner.

Sei leise!

Ei ei

Leila ist nett.
Leila teilt mit Antonia.

Alle rutschen und tollen am See.
Nur Sascha wartet allein am Rand.
Da nimmt Timo Sascha am Arm.
Los, wir wollen miteinander
schlittern!

Zum Vorlesen

Mein Zimmer hat vier Ecken,
in denen Geister stecken.
Doch hat's auch eine Tür –
die führt zu dir.

Angela Sommer-Bodenburg

Zum Vorlesen

Winter

Ei, du liebe, liebe Zeit!
Ei, wie hat's geschneit, geschneit!
Ringsherum, wie ich mich dreh,
nichts als Schnee und lauter Schnee!

Wald und Wiesen, Hof und Hecken,
alles steckt in weißen Decken.
Und im Garten jeder Baum,
jedes Bäumchen voller Flaum.

Jetzt hinaus! Wenn's noch so stürmt,
wird ein Schneemann aufgetürmt.
Dick und rund und rund und dick
steht er da im Augenblick.

Friedrich Güll

Alles ist leise.
Was ist unter dem Schnee?

Wir lesen im Schnee.
Wer war da?

Liebe Kinder, es ist Winter,
doch wohin ich mich auch dreh,
nirgends gibt es Schnee!

Grüne Wiesen, schwarze Straßen,
von den Nasen nichts zu blasen,
gar kein Flöckchen Schnee!

Liebe Kinder, es ist Winter,
doch oh weh, wohin ich seh,
nirgends gibt es Schnee!

Christiane Zeller

Der Winter ist da. Wo ist der Schnee?
Wo ist das Eis? Wann schneit es?

So kannst du Schneesterne aus Papier basteln:

41

Karten – Karten – Karten

Alle lesen.
Niki nimmt seine Karten.
Er mischt.

Niki kann einen Trick.
Karin will den Trick lernen.
Karin nimmt alle Karten
und mischt.

Karin mischt dreimal.
Nikis Trick ist schwer!

K k | **ck**

42

Wer kann raten?

Was knistert?
knurrt?
knallt?

Wer kennt den Trick?

| sch | n | i | ck |
| sch | n | a | ck |

| t | i | ck |
| t | a | ck |

| k | l | i | ck |
| k | l | a | ck |

| S | a | ck |
| L | a | ck |

Kleine

Kinder

knacken

Kerne.

Meister Robert

Es ist Abend.
Robert arbeitet.
Seine Eltern und seine Schwester turnen.

Kommt alle an den Tisch,
das Essen ist bald da.

O Robert, du bist toll!
Was du schon alles kannst!

Mm, das schmeckt lecker.

Alle loben Roberts Nudeln.

Robert, du bist unser
Nudelmeister!

44

Bb

Abendessen

Mutter bittet:

    Boris, kannst du Brot schneiden?

    Bettina, decke bitte den Tisch.

Boris schneidet das Brot mit der Maschine.

Bettina nimmt Teekanne und Wurstteller.

Schnell nascht Boris eine Scheibe Salami.

Da rollt der Deckel der Teekanne

ins Abwaschbecken.

O, nun ist er in Scherben!

Ob man das kleben kann?

Da kommt Mutter.

    Das ist schade!

    Wer war schuld?

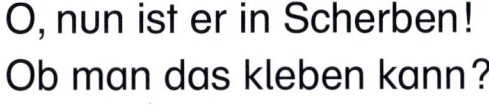

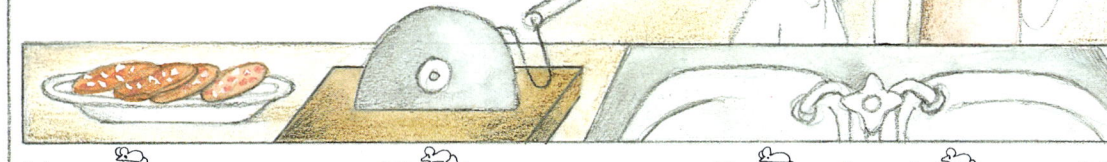

Abend/essen   Tee/kanne   Brot/schneide/maschine

Wurst/teller   Salami/scheibe   Abwasch/becken

Was tut ein Fisch im Winter?

Schwimmen Fische unter dem Eis weiter?

      Unter der dicken Eisdecke des kleinen Sees
      sind kaltes Wasser und Luft.
      Wenn der Frost schlimm ist,
      bleiben Fische am Boden im Schlamm.

Kommt Luft ins Wasser?

      Mit Binsen oder Schilf kommt
      frische Luft ins Wasser.

Fressen Fische im Winter?

      Der Fisch atmet im kalten Wasser selten.
      Er atmet etwa nur einmal in der Minute.
      Er will kein Futter fressen.

Fridolin ist Samiras Fisch.

Sommer und Winter ist er im Becken.

Sein Wasser ist immer warm.

Er bekommt Futter.

Luft kommt mit einer Maschine ins Becken.

Ein Fischer fischt frische Fische.

Fischt ein Fischer frische Fische?

Frische Fische fischt ein Fischer.

Au, aua

Wer ist schuld?

Klaus kommt mit den anderen Kindern
aus dem Schultor.

Timo ruft: „Schau, dort ist dein Bruder."

Tobias wartet neben dem Auto
auf der anderen Seite. Klaus saust sofort los
Er schaut nur auf seinen Bruder.

Au au

Wenn ein Auto kommt

Wie es die Hühner machen,
das weißt du doch.
Sie müssen geschwind unbedingt
auf die andere Seite noch.

Dass wir wie aufgeregte Hennen
blindlings über die Straße rennen,
kann's das bei uns geben? –
Nie im Leben!

Josef Guggenmos

Eine lange Kette

Es waren einmal Eltern mit drei Knaben.
Den kleinsten nannten alle Dummling.
Dummling war aber ein nettes Kind.
Ein alter Mann schenkte Dummling
eine goldene Gans.

Der Dummling ging mit der Gans
auf Wanderschaft.
Er kam in ein Wirts  .
Alle bewunderten seine Gans.

Als er im Bett lag, kamen drei Schwestern und
wollten goldene Federn klauen.
Aber, o Schreck!
Alle drei klebten mit den Fingern
an der goldenen Gans fest.

Gg

Am anderen Tag wanderte der Dummling weiter.

Alle drei Schwestern folgten dem Knaben.

Ein  wollte alle befreien.

Aber, o Schreck! Er klebte ebenfalls fest.

Genauso erging es dem  und den   .
Alle klebten fest.

Der Dummling kam mit seiner Schar
in ein fremdes Land.
Dort lebte Adelgunde, eine traurige  .

Als  den Dummling mit der Gans

und den Menschen erblickte, wurde  lustiger und lustiger.

Der Dummling bekam als Dank

als Braut.

r ie sig

Schmiedgasse

7

Einladung in die Schmiedgasse 7

Bitte kommt alle als
Riesen!

Das Riesenfest beginnt am
Dienstag um drei und endet
um sieben.
Bis bald
die riesige Sieglinde

ie

Glaubst du das?

Es regnet.
Es gießt sogar.
„Weißt du was", ruft Nalan,
„wir bleiben draußen im Garten.
Regen ist toll!"
Geli nickt begeistert:
„Jm Regen werden wir groß!
Morgen sind wir riesengroß!"
„– und krank!",
sagt Großmutter.
Sie bringt beiden einen
Regenmantel.

β

Panne

Familie Paulsen ist mit dem Auto unterwegs.
Da knallt es laut.
„Bloß keine Panne", sagt Papa.
Aber es knallt und rappelt immer lauter.

Mama lenkt das Auto auf einen 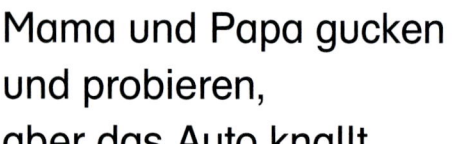.
„Das war Maßarbeit", sagt Peter.
Mama und Papa gucken
und probieren,
aber das Auto knallt
und rappelt weiter.
„Peter, weißt du, wo unser
Abschleppseil liegt?"
„Jm Keller, Papa."

Weißt du,
was die Schilder
sagen wollen?

Papa　Panne　schleppen　parken

Eine lange Nacht

Achim besucht Onkel Richard.

Am Nachmittag
sind sie mit dem Fußball unterwegs.
Abends lesen sie noch eine Jndianergeschichte.

Jn der Nacht wacht Achim auf.
Onkel Richard schnarcht laut.
Achim ruft leise: „Onkel Richard!"
Aber der Onkel schnarcht weiter.
Achim will den Onkel nicht wecken.

Er kann nicht wieder einschlafen.

Ch ch

Das Wort ach
findest du
    im Bach,
    im Krach,
    im Lachen,
    im Drachen
und noch in
anderen Sachen.

Und ich
bin im Wicht,
    im Licht,
    im Gesicht,
    im Gedicht
und schließlich
nicht richtig
    in der Milch
    und im Knilch.

Das Wort auch
findest du
    im Rauch,
    im Schlauch,
    im Brauch
und auch
in deinem Bauch.

Jch
mag
dich,
warum
magst
du
mich
nicht?

Der Hase und der Jgel

Ein Hase und ein Jgel wollten um die Wette laufen.
Der Hase lief in der einen Ackerfurche,
der Jgel in der anderen.
Er lief aber nur drei Schritte.
Dann duckte er sich und lief nicht weiter.

Am andern Ende der Furche rief die Jgelfrau
dem Hasen entgegen: „Jch bin schon hier!"
Der Hase schnaufte: „H, h, h …",
und rief: „Noch einmal gelaufen!"
Schon sauste er wieder los.

58

Hh

Oben rief der Jgel: „Jch bin schon hier!"
Der Hase schnaufte aufgeregt: „H, h, h,
noch einmal gelaufen!"
„So oft du Lust hast", antwortete der Jgel.
So lief der Hase sehr oft hin und her.
Am Ende fiel er tot um.

Der Jgel sagte seiner Frau:
„Der Hase hat unsere kleinen, krummen Beine belacht.
Nun hat er seinen Lohn
und ich habe die Wette gewonnen."

Ein Häslein kommt ins Haus

Das ist Schnupperle.

Bärbel und Martin
kaufen es
in einer Tierhandlung.

Bärbel trägt das Häslein
sorgfältig in einem kleinen
Karton nach Hause.
Martin schleppt
den Käfig.

Ä ä

Als Nahrung soll das Häslein
   frische Blätter,
   etwas Salat,
   Karotten und auch
   Trockenfutter
bekommen.

Martin gibt dem Häslein
etwas Wasser aus einer Flasche.
Schnupperle saugt.

Ob es Schnupperle bei Bärbel
und Martin gefällt?
Werden sie es gut pflegen?

Spiele mit Steinen

Wer ist geschickt?

Nimm einen Stein.
Lege ihn auf deinen Fuß.

Nun gehe langsam.

Gehe schnell.

Steige auf einen Stuhl.

Stell dich auf den Tisch.

Macht das Spaß?
Keiner darf den anderen stoßen.

Was sollte ich mir da merken?

St st
Stein
Stall
stoßen

Sp sp
Spaß
Spiel
spielen

Sp sp | **St st**

Spring mit

Wirf den Stein in Feld 1.
Spring auf einem Bein
gleich in Feld 2 und dann
in Feld 3, 4, 5, 6.
Ruhe dich im Himmel
auf beiden Beinen aus.

Dreh dich um und
spring wieder
durch die Felder 6, 5, 4, 3
auf Feld 2.
Bleibe hier auf einem Bein
stehen.
Hebe den Stein in Feld 1 auf
und springe hinaus.

Bei der folgenden Runde
wirf den Stein gleich in Feld 2,
in der 3. Runde in Feld 3 und so weiter.

Du weißt:
Jn das Feld mit dem Stein
darfst du nicht springen.

Zwicke zwacke

zwicke zwacke in die Backe
zwicke zwase in die Nase
zwicke zwals in den Hals
zwicke zwarm in den Arm
zwicke zwand in die Hand
zwicke zwauch in den Bauch
zwicke zwabel in den Nabel
zwicke zwein in das Bein
zwicke zwie in das Knie

Jürgen Spohn

Z z

Der Zappelzahn

Mein Zahn ist locker.
Mein Zahn ist locker und soll raus.
Aber wie?
Mit der Zunge?
Der Zahn zappelt.

Zwicke zwahn,
wer zieht den Zahn?

Müll – Müll – Müll

Früher warfen die Menschen
ihren Müll
einfach auf die Straße.
Es stank überall.

Auf den Straßen
liefen Schweine
und andere Haustiere
herum.
Sie fraßen alles auf,
was essbar war.
Der Rest blieb liegen.

Durch den Abfall
entstanden auch
schlimme Krankheiten.

Ein Glück, dass es bei uns
die Müll-Abfuhr gibt!

Jst unser Müll wirklich weg,
wenn das Müllauto abfährt?

Ü ü

Dies war früher
eine Kaffeetüte.

Dies war eine Gemüseschachtel.

Dies waren Käseschachteln
und Filmdosen.

Dies waren Klorollen.

67

Musik mit Joghurtbechern

Joghurtstimme

KLEBER

Macht Musik zu den Namen:

Jan	Jens	Josef	Jutta	Katja
Jakob	Jeremias	Josefine	Julia	Sonja
Jaromir		Jonas	Judith	Tanja
		Johanna	Jürgen	Anja
		Johannes	Julian	Tatjana

hu
ju
juch
he

Jj

Joghurtgitarre

Joghurtrassel

Joghurt-huhn

ja ja ja ja ja

oje

oje

Spiele mit deiner Stimme:

Du kannst jauchzen,
          jubeln,
          jammern,
          jodeln.

Ein Plakat in der Klasse

Das ist schön!

Flöte spielen

Tom hat mich getröstet

Ich durfte Dornröschen sein

Rätsel lösen ist schön

Wörter erfinden

Das ist blöd!

Martina stört mich beim Schreiben

Ich darf nicht trödeln

L. G. ist böse

Ich kann nicht schön schreiben

Wir dürfen nie Kassetten hören

Jn Jörgs Klasse hängt dieses Plakat.
Jeder kann etwas darauf schreiben.

Zum Heulen

Wenn ich etwas
zum Heulen finde,
heule ich mich leer.
Kummer schlucken
macht mich wütend
und das Herz mir schwer.

Wenn ich etwas
zum Freuen finde,
freue ich mich satt.
Und ich teile
meine Freude
mit dem, der keine hat.

Ute Andresen

Eu eu

Ein Vogelnest im Garten

Vor Evas Fenster ist ein Vogelnest.
Seit vier Tagen sind die jungen Vögel ausgeschlüpft.
Sie sind noch nackt und blind.
Die Vogeleltern füttern die Jungen.
Sie sammeln viele Raupen und Würmer.

Nach etwa einer Woche öffnen sich
die Augen der Jungvögel.
Die kleinen Vögel bekommen Federn.

Sie üben mit den Flügeln.
Nach drei bis vier Wochen
verlassen sie das Nest.

72

Vv

Ein Vogel
verloren
am Boden kauert.

Die Katze schleicht.
Die Katze lauert.

Der Vogel zittert.
Er hat keine Kraft.

Ksch – sch – sch!!!

Weg ist der Vogel.
Er hat es geschafft.

Ute Andresen

Träume

Was träumt der Spatz
bei Wind und Sturm?
Von einem fetten
Regenwurm.

Was träumt der Krebs
so dann und wann?
Dass er auch vorwärts
laufen kann.

Was träumt die Raupe
auf dem Stein?
Vom Falterflug im
Sonnenschein.

Alfred Könner

Äu äu

Kinderträume

Viele Bäume zum Klettern,
Sträucher zum Verstecken,
eine Welt ohne Zäune,
Häuser…

Wie quakt der Frosch?

Frösche gibt es auf der ganzen Welt.
Sie leben immer in der Nähe von Wasser,
an Teichen, Tümpeln oder im Gras.

Die Wasserfrösche sind die Meisterquaker.
Die Männchen haben zwei Schallblasen
hinter den Mundwinkeln.
Mit diesen können sie mächtigen Lärm machen.

Der Frosch bläst seine Schallblasen auf.
Dabei entsteht das Quaken.
Damit werden die Weibchen angelockt.

Qu qu

Quak, quak

Qua, que, qui, quo, quu,
du lieber Quakfrosch du!
Quake laut und quake leise,
quake eine Quakfrosch-Weise.
Qua, que, qui, quo, quu,
du lieber Quakfrosch du!

Anna Möss

Ein Frosch kommt in einen Milchladen.
Vor ihm sind viele Leute. Er stellt sich brav an.
Endlich kommt er an die Reihe.
„Na, mein Kleiner, was bekommst denn du?",
fragt die Verkäuferin freundlich.
„Quaaak", antwortet der Frosch.

Weißt du, was er bekam?

Ein wunderschöner Tag

Yvonne hat Geburtstag.
Sie wird sieben Jahre alt.
Am Morgen wartet eine große
Überraschung auf sie.

Meine liebe Yvonne!
Wir fahren heute
zum Ponyhof!
Du darfst dazu
noch drei Freunde
einladen!
Dein Papa

Auf dem Ponyhof gibt es zehn Ponys,
größere und kleinere,
sieben braune, zwei weiße und ein schwarzesTier.

Die Kinder dürfen in den Stall.
Sie helfen bei der Pferdepflege
und streicheln die zottigen Ponys.

„Alle Tiere sind zahm und lieb",
sagt Frau Meyer. Jhr gehört der Ponyhof.
„Wählt euch das Pony aus, auf dem ihr reiten wollt!"
Yvonne sucht sich das größte Tier aus.
Sie kann schon etwas reiten.
Tony nimmt sich das schwarze Pony.
Lydia will lieber mit Yvonnes Vater und dem Baby
in der Kutsche fahren.

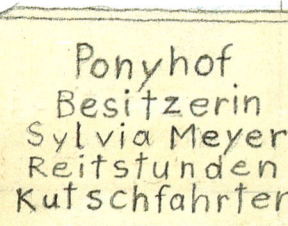

Ponyhof
Besitzerin
Sylvia Meyer
Reitstunden
Kutschfahrten

Yy

79

Auch Hexen müssen das Hexen erst lernen.
Jn diesen Geschichten kannst du lesen, wie schwierig das ist.

Die kleine Hexe

Etwa sechs Stunden am Tage verbrachte die kleine
Hexe damit, sich im Hexen zu üben. Das Hexen ist
keine einfache Sache. Wer es im Hexen zu etwas
bringen will, darf nicht faul sein. Er muss das Hexen-
buch Seite für Seite durchstudieren.

Die kleine Hexe war erst auf Seite zweihundert-
dreizehn des Hexenbuches. Sie übte gerade das
Regenmachen. Der Rabe Abraxas saß neben ihr
und war unzufrieden.

„Du sollst einen Regen machen", krächzte er
vorwurfsvoll, „und was hext du? Beim ersten Mal lässt
du es weiße Mäuse regnen, beim zweiten Mal Frösche,
beim dritten Mal Tannenzapfen! Jch bin ja gespannt,
ob du wenigstens jetzt einen richtigen Regen zustande
bringst!"

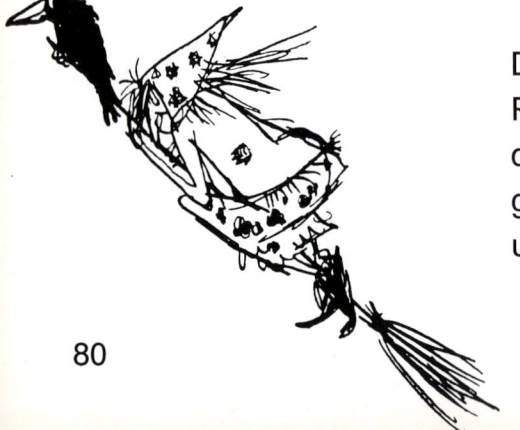

Da versuchte die kleine Hexe zum vierten Mal einen
Regen zu machen. Sie ließ eine Wolke am Himmel
aufsteigen, winkte sie näher und rief, als die Wolke
genau über ihnen stand: „Regne!" Die Wolke riss auf
und es regnete – Buttermilch.

Otfried Preußler

Hexe Lakritze

Die Hexe Lakritze geht zur Hexenschule.
Jhr Lehrer ist der Zauberer Zinnobro.
Sie muss ihr Zauberbuch selbst schreiben.

„Wir lernen, wie man einen Drachen zaubert."
Lakritze schlägt ihr Buch auf.
Dreißig Seiten sind schon voll geschrieben.
„Schreibt alles haargenau auf", sagt Zinnobro.
Langsam liest er den Zauberspruch vor:

Schneckenschleim und Hexenkropf
fertig ist der Drachenkopf
mach mit Mücken
einen Rücken
hexe einen Drachenschwanz
mit Krötenfett und Knoblauchkranz
Hokus Schmokus weiße Maus
Erde spuck den Drachen aus

Lakritze schreibt.
Sie kämpft gegen den Schlaf.
Jhre Augenlider werden schwer und schwerer,
bis sie sachte zufallen.
Jetzt ist Lakritze eingeschlafen.
Aber nur einen Augenblick lang.
Schon erwacht sie wieder und schreibt weiter.
Sie merkt nicht,
dass sie einen Teil des Zauberspruchs
nicht mitgeschrieben hat.

Eveline Hasler

Die Puppe

Jn Caximbo, einem Dorf im Urwald, wohnte Selva.
Selva hatte eine Puppe, die aber anders war als andere Puppen.
Sie hatte die Puppe aus einem Maiskolben selber gemacht,
mit einem Kleid aus den gelben Blättern von Maiskolben.
Die Puppe hieß Curumina. Selva liebte ihre Curumina.

„Komm, Selva, hilf mir bei der Hausarbeit. Selva!", rief die Mutter.
Wenn Selva mit ihrer Puppe spielte, hörte sie einfach nichts.
Die Mutter wurde ärgerlich, weil sie Selva immer wieder rufen musste.
„Wenn das so weitergeht, dann nehme ich dir die Puppe weg."

Selva erschrak. Sie ging mit Curumina im Arm
zum Fluss hinunter, wo sie sich jeden Tag wusch.

Am Ufer traf Selva die Schildkröte.
„Jch möchte meine Puppe verstecken und weiß nicht wo",
klagte Selva.
„Ganz einfach", meinte die Schildkröte,
„grab ein Loch in den Sand – wie ich es für meine Eier tue –,
lege die Puppe hinein und decke sie zu."

Selva schaufelte mit beiden Händen ein Bett in den warmen Sand,
legte die Puppe hinein und deckte sie zu.
„Jch werde auf sie aufpassen", versprach die Schildkröte.

Wie immer kam auch dieses Jahr der große Regen
und prasselte Tag und Nacht auf das Dach der Hütte.
Was war wohl inzwischen mit Curumina geschehen?

Ai ai

Nach dem langen Regen rannte Selva schnell hinunter
zum Fluss. Das Ufer sah ganz anders aus.
Selva konnte die Stelle, wo sie die Puppe vergraben hatte,
nicht mehr finden. Aber sie traf die Schildkröte wieder,
die wusste noch, wo Curumina versteckt war.

Dort fand Selva aber nur zwei grüne Blättchen.
Sie wurde ganz traurig.
„Diese Blättchen gehören doch zu deiner Curumina",
tröstete die Schildkröte. „Sie werden wachsen und
groß werden und viele neue Maiskolben tragen."

Es wurde Sommer.
Tatsächlich: Dort, wo Selva ihre Curumina vergraben hatte,
stand jetzt ein Stängel mit vielen goldgelben Maiskolben.
Das Mädchen nahm einen Kolben
und legte ein Kleid von Maisblättern rundherum.
„Jetzt habe ich meine Curumina wieder!"
Selva wiegte die Puppe glücklich in ihren Armen.
Die anderen Maiskolben nahm Selva mit heim.
Die Mutter konnte daraus herrliche Maistörtchen backen.

Gloria Carasusan

Spiele mit Eiern

Nehmt
hart gekochte,
bunte Eier.

Legt jedes Ei auf einen Esslöffel.
Lauft damit um die Wette.
Jhr könnt euch auch Hindernisse bauen.
Wer sein Ei fallen lässt,
muss noch einmal an den Start zurück.

Spitz gegen spitz,
stumpf gegen stumpf –
bei wem bleibt das Ei heil?

Auf einem schrägen Brett lasst ihr
nacheinander Eier ins Gras
oder auf eine Decke rollen.
Welches Ei rollt am weitesten?

Eier, die kaputt gehen,
kommen in einen Topf. Sie werden
später gemeinsam aufgegessen.

Aufregung

Lauft alle,
schnell, schnell.
Schnell, schnell, schnell,
rennt herbei.
Es regt sich,
bewegt sich!
Es ko-,
ko-,
ko-,
kollert …
Zu Hilfe,
wer hält es?
O Himmel,
da fällt es,
das Ei!

Da liegt es
und ist entzwei
ganz und gar.
Und alle Mechaniker auf der Welt,
kriegen's nicht mehr hin,
wie es war.

Josef Guggenmos

Jn vielen Wörtern verbergen sich „Eier".

schnee
becher
kuchen
Eier
Rühr
Eier
Schw ner

Findet ihr noch mehr Wörter?

Was der Kuckuck noch nie gesehen hat

Die Krähen:

Herr Kuckuck, Sie waren lange fort!
Sehn Sie den Topf im Grase dort?
Hier stand einmal im Februar
ein Schneemann, dick und wunderbar.

Er stand im Garten, Tag und Nacht,
drei Kinder hatten ihn gemacht.
Als sie ihn bauten, da haben wir Krähen
mit eigenen Augen zugesehen.
Doch der Frühling ist ihm nicht bekommen,
er ist zerschmolzen und zerronnen.

Wir Krähen kannten den Schneemann gut:
Der Topf, der dort im Grase liegt,
das war sein Hut.

Der Kuckuck:

Hört, was der Kuckuck spricht:
Schneemänner gibt es nicht.
Was ihr erzählt, ist alles erlogen!
Jch habe noch nie einen Schneemann
gesehen –
und bin durch ganz Afrika geflogen!

Josef Guggenmos

Rätsel

Welches Glöckchen gibt keinen Laut?
Welcher Schlüssel kann nicht schließen?
Welcher Kuss wird nicht geküsst?
Welcher Zahn beißt nicht?

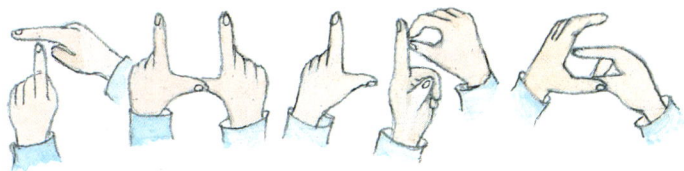

Kuskro

Zöwenlahn

Blumeschlüssel

Gunsebläme

Annalill am 1. April

Morgens steht Annalill auf, kämmt sich die Zähne, bügelt ihre Haare und duscht sich mit dem Telefon.

Dann guckt sie im Kühlschrank, wie das Wetter ist.
„Heiß, aber kalt", sagt Annalill, schlüpft in die Badehose und schnallt ihre Schlittschuhe an.

Elisabeth Mayenberger

Zum Frühstück streicht sie Zahnpasta aufs Brötchen und trinkt die Milchstraße leer. Dann gießt sie das Radio, räumt das Licht auf und bläst die Wasserhähne aus.

Und dann? Dann setzt sich Annalill aufs Klavier und fährt in die Schule. Dort zeigt sie dem Lehrer und den Schülern ein Spiel. Das heißt: „Annalill am 1. April".

April, April

April, April, April,
der weiß nicht, was er will.
Mal Regen und mal Sonnenschein,
dann schneit es wieder zwischendrein.
April, April, April,
der weiß nicht, was er will.

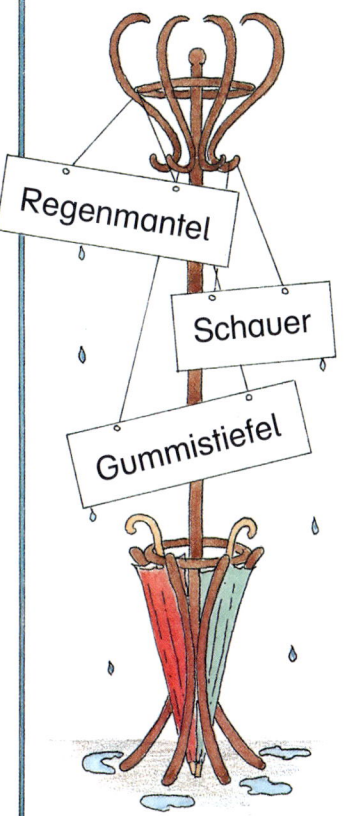

Mama und Minni gehen
einkaufen.
Minni bekommt Gummistiefel
und einen Regenmantel.
Mama sagt: „Damit wirst du
nicht nass, wenn es regnet."
Aber es regnet nicht.

Zu Hause zieht Minni
die Gummistiefel und
den Regenmantel an. Dann
stellt sie sich unter die Dusche.

Margret Rettich

Peter malt den Wind

Der kleine Peter will den Wind malen.
Die Mutter lacht: O Peter,
den Wind kann man doch nicht sehen!
Aber Peter ist schlau.
Er malt einen Drachen hoch in der Luft.
Er malt ein Segelboot.

Er malt einen Mann,
der seinem Hut nachrennt.
Er malt eine Frau
mit einem umgedrehten Regenschirm.

O weh, und dort liegt ein Baum
auf der Straße.
Und die Wolken da oben,
wie sind sie dunkel und dick!

Peter ist fertig mit seinem Bild.
Mutti schau!
Fein Peter, das ganze Bild
ist voll Wind.

Werner Halle

Windkraft

Windkraft gibt es überall.
Man muss sie nicht kaufen,
man muss sie nur nutzen.
Mit Windkraft kann man sogar Strom erzeugen.

Muttertag

„Jolli, trägst du bitte die leeren Flaschen in den Keller",
bittet die Mutter.
Jolli hat keine Zeit zum Flaschentragen,
er lernt ein Gedicht zum Muttertag.

„Bina, räum endlich dein Zimmer auf",
sagt die Mutter.
Bina mag jetzt nicht aufräumen,
sie malt ein Bild für den Muttertag.

Die Mutter muss alleine den Mülleimer ausleeren,
das vergessene Mehl vom Supermarkt holen,
die Briefe zum Postkasten bringen.
Keins der Kinder hilft ihr beim Tischdecken,
Abspülen, Blumengießen,
Schuheputzen, Garagefegen.

Tagelang geht das so.
Nur weil am Sonntag Muttertag ist.

nach Katrin Arnold

Hausspruch

Jn meinem Haus,
da wohne ich,
da schlafe ich,
da esse ich.
Und wenn du willst,

**dann
öffne
ich**
die Tür
und lass dich ein.

Jn meinem Haus,
da lache ich,
da weine ich,
da träume ich.
Und wenn ich will,

**dann
schließe
ich**
die Tür
und bin allein.

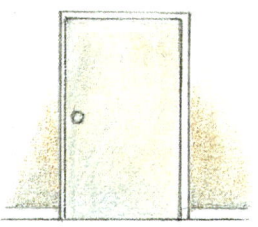

Gina Ruck-Pauquèt

Meine Mama
mag Mäuse.
Mich hat sie so lieb.
Manchmal sagt sie:
„Mein Mäuslein!"
Und ich sage:
„Piep!"

Ute Andresen

93

Meine Geschwister und ich

Das bin ich!
Jch heiße Andi. Jch bin fünf
und habe sechs ältere Geschwister.
Manchmal geben sie etwas an.
Aber sonst sind sie nett.

Wir haben einen ausklappbaren Tisch,
an dem wir alle Platz haben.
Wenn mittags zufällig Freunde da sind,
stellt meine Mutter einfach noch Teller dazu
und wir rutschen zusammen.
Meine Freunde essen gerne bei uns,
weil es immer lustig ist.

Manchmal schleiche ich mich morgens
zu meiner großen Schwester Silvia ins Bett.
Sie ist nämlich besonders nett.
Wir kuscheln uns dann aneinander
und schlafen noch ein bisschen,
während mein Bruder Kurt im unteren Bett liest.
Und Kurt liest fast immer –
er ist eine richtige Leseratte.

Der Nachmittag ist für mich langweilig.
Meine Geschwister machen Hausaufgaben.
Wer zuerst fertig ist,
spielt mit mir.
Aber laut sein dürfen wir erst,
wenn keiner mehr arbeitet.

Wer zu uns kommt,
muss vor der Haustür die Schuhe ausziehen.

Gummistiefel
Halbschuhe
Sandalen
Turnschuhe

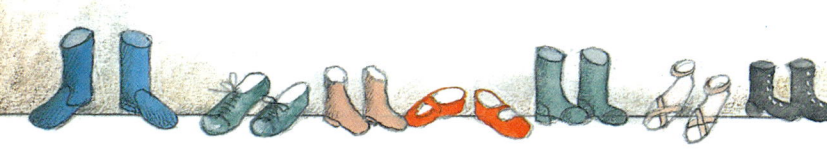

Jmmer schwindelfrei

Jutta Voitl ist Schornsteinfeger-Meisterin.

Wo immer sie auftaucht,
schauen ihr Kinder bei ihrer Arbeit zu.
Auch Erwachsene freuen sich,
wenn sie ihr begegnen.
Kaminkehrer sollen Glück bringen, denken sie.

Juttas Vater ist Schornsteinfeger-Meister.
Schon als Kind begleitete Jutta ihn
bei seiner Kehrarbeit.

Jn jedem Haushalt müssen einmal im Jahr
die Öfen und Kamine gereinigt
und überprüft werden,
zum Schutz vor Bränden.

Mit dem Leinebesen putzt
ein Schornsteinfeger den Kamin von oben.
Eine schwere Eisenkugel zieht den Besen
nach unten.

Mit Rohrhexe und Stoßbesen
wird der Ruß von unten aus abgekratzt.

Mit empfindlichen Geräten muss ein Kaminkehrer
auch messen, ob der Ofen richtig brennt.
Beim Verbrennen darf kein schädlicher
oder giftiger Rauch entstehen.

Jutta wollte unbedingt auch diesen Beruf lernen.
Und sie hat es geschafft.
Nur wenige Frauen arbeiten bis jetzt in diesem Beruf.

Zur Berufskleidung einer Schornsteinfeger-Meisterin
gehört auch der Zylinder.
Nur wer Meister ist, darf ihn tragen.
Gesellen tragen ein Käppi.

Juttas Vater erzählte ihr:
Früher steckten die Kaminkehrer unter den Zylinder
Geschenke, die sie für ihre Arbeit erhielten.
Manchmal auch Eier oder andere Nahrungsmittel.

aufrollen

ziehen

schieben

schleppen

klettern

putzen

prüfen

duschen

Kreuztanzen

Wenn du müde, nervös,
geschafft oder unkonzentriert bist,
hilft vielleicht ein Tänzchen.

Wie im Bild musst du mit einer Hand
das gegenüberliegende Knie berühren.
Dann wechselst du.
Linke Hand – rechtes Knie … rechte Hand – linkes Knie …
linke Hand – rechtes Knie …
Lass die Arme schwingen, locker bleiben,
pass dich dem Rhythmus der Musik an … links … rechts … links …

Lass deine Augen kreisen.
Nach oben, nach unten,
nach links, nach rechts … wie bei einer Acht.

Du kannst auch eigene Tänze erfinden.
Wichtig dabei ist, dass die Bewegung „über Kreuz" geht.
Streckst du den linken Arm,
wird gleichzeitig das rechte Bein gestreckt,
schlenkerst du das linke Bein,
schwingt der rechte Arm …

Probiere aus, mit welcher Musik
du am besten tanzen kannst.

Text nach Erich Ballinger

Minni stößt sich am Schrank das linke Bein.
Wütend tritt sie mit dem rechten Bein
gegen den Schrank.
Nun tun beide Beine weh.

Margret Rettich

ANNA versteckt sich

ANNA hat sich heute Nacht
ein Versteckspiel ausgedacht.
Das wird lustig, denkt sie, denn
hinter einem Zaun aus N
kann ich gut verschwinden,
keiner wird mich finden.

Doch sie hat sich kaum versteckt,
da hat Karl sie schon entdeckt,
weil man ihre beiden A
durch den N-Zaun deutlich sah.

Hans Georg Lenzen

Hier haben sich zwei Personen und drei Tiere versteckt. Wer findet sie?

BADEWANNE
SCHLARAFFENLAND
TOMATE
SCHAFFNER
ABENTEUER

Nacht in der Wildnis

Zwei Augen funkeln.
Ein Tiger im Dunkeln!

Vier Augen
Zwei!

Sechs Augen
Drei!

Sie zwinkern uns zu:
Macht's gut, ihr dort!
Und gehen
auf leisen Sohlen fort!

Wer weiß, wie viel wacht,
wer weiß, wie viel sacht,
rings um uns wandert
in samtener Nacht.

Josef Guggenmos

101

Warum muss man schlafen?

Kuschelst du dich gern in dein Bett?
Am Abend und manchmal auch am Tag?

Nicht alle Kinder gehen gern ins Bett.
Niemand kann ohne Schlaf leben.
Jm Schlaf entspannen sich alle Menschen.

Wie viel Schlaf ein Mensch braucht, ist verschieden:
Ein Säugling schläft zwischen 18 und 20 Stunden.
Schulkinder brauchen ungefähr 10 bis 11 Stunden Schlaf,
während Erwachsene mit etwa 6 bis 8 Stunden auskommen.

Verschiedene Getränke erschweren oder
verhindern das Einschlafen.
Hierzu gehören besonders Cola und Kaffee.
Man spürt die natürliche Müdigkeit nicht mehr so deutlich.
Der Körper erholt sich zu wenig.
Das ist auf die Dauer schädlich.

Kaum zu glauben

Den Weltrekord im Wachbleiben
konnte ein Polizist aus Ceylon für sich verbuchen.
14 Tage und 17 Stunden hielt er vor Zeugen aus,
ohne einzuschlafen und ohne dass ihm ein einziges Mal
auch nur ein Auge zugefallen wäre. *Buch der Rekorde*

Schlafenszeit

Noch fünf Minuten, bitte, nur fünf!
Bitte, fünf Minuten nur –
bis ich fertig bin mit dem schönen Schloss,
das ich baue mitten im Flur!
Bis ich fertig bin mit der schönen Geschichte
im Buch – ich bin doch erst da!
Bis ich fertig bin mit der Perlenkette –
sie ist ja schon fertig, beinah!
Bis wir mit dem angefangenen Spiel
auch wirklich zu Ende sind;
ich muss es wissen, wer dieses Mal
verlieren wird und wer gewinnt.
Noch fünf Minuten, bitte, nur fünf!
Nun gut, dann wenigstens vier!
Nur drei! Nur zwei … aber eine musst
zum Spielen noch lassen du mir! *Eleanor Farjeon*

103

Sag's, tu's – aber freundlich

Aliki Brandenberg

»Es tut mir leid« —
wie freundlich das klingt!

 Und es tut gut.

Lieber Thomas!
Ich bin erkältet und ganz feucht bis innen und böse auf dich. Du weißt schon, warum! Was würdest du sagen, wenn man dich die ganze Nacht im Regen draußen ließe? Na danke! Wenn das noch einmal passiert, dann laufe ich auf und davon. Das kannst du mir glauben!

Dein Teddy

Der Wäschedieb Es spielen mit: Kasper, Großmutter und Krokodil.

Das wird gebraucht: Wäschestücke (Taschentuch, Handtücher, Socken).

Kasper und Großmutter

Kasper (kommt): Kinder, seid ihr alle da?

Kinder: Ja!

Kasper: Aber die Großmutter ist noch nicht da.
Ruft sie mal.

Kinder (rufen): Großmutter!

Großmutter (kommt): Jch komm ja schon, immer langsam!
Jch bin doch schon alt.

Kasper: Ach, Großmutter, du bist gar nicht alt.
Du kannst noch so gut kochen.

Großmutter: Ja, ja. Aber jetzt gibt's noch nichts zu
essen, Kasper! Du musst mir erst ein
wenig helfen.

Kasper: Ja, Großmutter, das mache ich gerne.
Jch lecke die Puddingschüssel aus.

Großmutter: Nein, Kasper, du musst Wäsche aufhängen.

Kasper: Kinder, jetzt muss ich Wäsche aufhängen.
Wartet solange. (Sie gehen beide fort.)

Die Wäsche wird aufgehängt

Kasper: (kommt mit einem Taschentuch, hängt es über die Spielwand,
holt ein zweites, drittes und viertes Wäschestück. Er zählt sie.)

Kasper: Eins, zwei, drei, vier; und nun müssen wir
aufpassen, bis die Wäsche trocken ist.
(Er setzt sich, fängt bald an zu gähnen.)
Ach Kinder, jetzt bin ich schon so müde!
Wollt ihr nicht ein bisschen aufpassen?

106

Kinder:	Ja, wir passen auf!
Kasper:	Gut, ich schlaf derweil.
	(Er legt sich hin, kommt wieder hoch.)
	Kinder, wenn's regnet, weckt ihr mich, ja?
Kinder:	Ja!
Kasper (legt sich hin, kommt noch mal hoch):	Und wenn ein Räuber kommt, weckt mich auch.
Kinder:	Ja!
Kasper: (legt sich hin, fängt an zu schnarchen.) (Es poltert.)	
Kinder (rufen):	Kasper!
Kasper (kommt hoch):	Regnet's schon?
Kinder:	Nein, es kommt einer!
Kasper (schaut umher):	Es ist keiner zu sehen. Jch schlaf jetzt.
	(Er legt sich wieder hin und schnarcht.) (Es poltert.)
Kinder (rufen):	Kasper!
Kasper (kommt hoch):	Kommt ein Räuber?
Kinder:	Ja.
Kasper (schaut sich um):	Es ist niemand zu sehen. Jch schlaf jetzt.
	(Er legt sich wieder hin und schnarcht.)

Der Dieb kommt!

Krokodil: (kommt herein, packt ein Wäschestück und kriecht damit fort.)	
Kinder (rufen):	Kasper! Kasper!!
Kasper (kommt hoch):	Kinder, war einer da?
Kinder:	Ja! Das Krokodil! Es hat Wäsche gestohlen!
Kasper (springt auf):	Wie? Was? Wäsche gestohlen? (Er zählt.) Eins, zwei, drei. Tatsächlich! Ein Stück fehlt. Was machen wir nun?

Erika Zimmermann   107

Löwenzahn und Pusteblume

Löwenzahn, so heiße ich,
komm nur her, ich beiße dich
nicht – ich beiße keinen,
will als kleine Sonne scheinen.

Pusteblume bin ich auch,
dann trägt mich des Windes Hauch
fort, dass auf den Wiesen
wieder kleine Sonnen sprießen.

Hans Baumann

Löwenzahnstängel sind rund und hohl.
Du kannst das dünne Ende des Stängels
in das dicke hineinstecken.
So kannst du eine Kette oder eine
Wasserleitung bauen.

Wie
heißt du
denn nun?

Löwenzahn
Pusteblume
Kuhblume
Milchblume
Hasensalat

SO

Nina und der Sauhaufen

Die Mutter trägt frisch gewaschene
Wäsche in Ninas Zimmer.
Als sie herauskommt, hat sie
ihr Gewittergesicht aufgesetzt.
„Nina!", ruft sie. „Räum sofort auf da drin!
So ein Sauhaufen!"

Nina geht in ihr Zimmer.
Die Puppen liegen auf dem Teppich.
Die schauen den Stofftieren zu.
Die Bausteine liegen auf dem Teppich.
Die sollen ein Turm werden.
Die Bilderbücher liegen auf dem Teppich.
Die will Nina anschauen.
Die Autos liegen auf dem Teppich.
Die parken da.
Ein blau-weißer Ringelsocken
liegt auf dem Teppich.
Der ist eine Schlange.
Papierschnipsel liegen auf dem Teppich.
Die sind das Futter für die Schlange.
„Jch seh keinen Sauhaufen!",
ruft Nina in die Küche.

Renate Welsh

Paul Maar

Na so was

Jch kannte eine Annett,
die sprang vom Dreimeterbrett.
Die hat sich alles getraut.
Der hat es vor gar nichts gegraut,
außer vor Pudding mit Haut.

Josef Guggenmos

Pfeifen, Bellen, Brummen, Summen,
sich in Zahlen unterhalten,
ohne Worte etwas sagen,
mit den Augendeckeln fragen,
alles gilt,
wenn's einfach geht
und der andre es versteht.

Eberhard Spangenberg

Dunkel wars, der Mond schien helle,
als ein Wagen blitzeschnelle
langsam um die Ecke fuhr.
Drinnen saßen stehend Leute,
schweigend ins Gespräch vertieft,
als ein totgeschossner Hase
auf der Wiese Schlittschuh lief.

Mama sagt: „Jch möchte wissen,
wer die Schranktüren offen lässt,
wer das Papier neben
den Papierkorb wirft und
wer nie den Wasserhahn zudreht."

Minni denkt:
„Mama muss nicht alles wissen."

Margret Rettich

Minni möchte gern
einen Goldhamster haben.
Mama sagt: „Nein."

Nun spart Minni.
Sie will Mama einen Goldhamster
zum Geburtstag schenken.

Margret Rettich

Jch geb dir meine schönste Hand
und einen dicken Kuss dazu.
Jch mag dich wie ein Elefant
so groß und immerzu.

Michael Ende

Ein Schokokuss,
schwarz und sehr blank,
stand ganz allein
auf dem Küchenschrank.

Da setzte sich
das Kind zu ihm,
jetzt waren sie
ein schwarz-weiß Team.

Das Kind sprach:
Lieber Schokokuss,
verzeih, dass ich dich
küssen muss.

Aus einem Kuss
da wurde mehr,
das Kind lief fort,
der Schrank steht leer.

Charlotte Reinhilde Jugel

Geschichten von Kindern

Ein Fall für Osterhasen

Ein Osterhase liest in der Osterhasen-
zeitung, dass der Regenwald abgeholzt
wird. Er ruft alle Osterhasen zusammen
und sagt: „Osterhasen, packt euere Koffer.
Wir müssen den Regenwald retten!"
Jetzt fliegen die 100.000 Osterhasen zum
Regenwald. Sie machen eine große,
lange Kette. Nun kommen sie zu den
Waldarbeitern mit ihren Motorsägen.
Jeder Osterhase hat ein Schild:
Hört auf den Regenwald abzuholzen!
Die Holzarbeiter sagen: „Ja, wenn das
so ist, dann hören wir auf!"
Die Osterhasen freuen sich sehr über
ihr Werk.

erzählt von Peter

Mimi am Computer

Mimi bekommt von Onkel Franz
einen Computer. Sie spielt
damit wie verrückt.
Da kommt Lilli und sagt: „Das
geht zu weit!" Schnell zieht
sie den Stecker ab.
Seitdem spielt Mimi nur noch
mit Lilli.

von Andrea

Mimi beim Baden
Mimi springt ins Wasser Im
Wasser sind Fische. Mimi wi..
auf einem Fisch reiten. Wer
will das eigentlich nicht?
Mimi schwimmt weit hinaus.
Plötzlich sieht sie eine Inse...
Sie schwimmt zur Insel.
Mimi meint, auf der Insel wohn..
jemand. Sie schaut sich um und
wandert auf der Insel umher.
Meinst du, ob ihr jemand
begegnet?

Eine Geschichte von Sandra

Mimi und der ängstliche Geist

Mimi geht mit Lilli ins Bett. Um Mitternacht macht es plötzlich „hu, hu". Mimi fragt: „Bist du das, Lilli?" „Nein, das bin ich nicht", antwortet sie. Mimi geht leise hinaus. Sie sieht ein Gespenst. Sofort strahlt sie es mit der Taschenlampe an. Der Geist bekommt Angst. Mimi packt ihn am Gewand. Das Gespenst ist der Kasperl.

erzählt von Georg

Mimi ist k. o.

Mimi spielt mit der Katze. Sie erklärt ihr das Seilspringen. Dann zeigt sie der Katze, wie man Fußball spielt.

Als Mimi dann k. o. ist, legt sie sich hin und träumt von dem Käseplaneten.

von Christoph

Die kleine Mama

Als Mama klein war,
war sie ungezogen.
Meistens war sie brav,
aber manchmal
war sie ungezogen,
sogar sehr ungezogen.
Und frech war sie auch.

Einmal war die kleine Mama
ganz allein zu Hause.
Da wollte sie ein Bild machen,
ein ganz besonderes Bild
wollte sie machen.
Und was tut sie?

Die kleine Mama
geht an den Schreibtisch
von ihrem Papa
und nimmt den Füller,
der da immer liegt.

Das darf sie nicht.
Es ist ein Füller
mit grünen Streifen
und einer goldenen Feder.
Jm Füller ist Tinte.

Sie nimmt den Füller
und schraubt ihn auf.
Das darf sie auch nicht.
Dann nimmt sie
ohne zu fragen
ein Blatt weißes Papier
aus Papas Schublade.
Auch das darf sie nicht.

Die kleine Mama
lässt blaue Tinte
auf das weiße Papier tropfen.
Tropf! Tropf! Tropf!
Die Tinte spritzt.

Ein großer Klecks
soll es werden.
Das dauert lange.
Die kleine Mama wartet.

Tropf! Tropf! Tropf!
Der Klecks wird größer
und größer und größer.
Dann ist der Füller leer.

Die kleine Mama
schraubt den Füller zu
und legt ihn wieder hin.
Dann hebt sie das Papier
mit beiden Händen hoch
und trägt es langsam
in die Küche
und legt es sorgsam
auf den Küchentisch.

Der Klecks glänzt.
Die Tinte ist noch flüssig.
Die kleine Mama
faltet das Papier zusammen
und drückt ganz fest drauf.
Sie wartet ein wenig.
Dann faltet sie das Papier
langsam wieder auf.

Der Klecks
hat sich verwandelt:
Ein blaues Ungeheuer
hockt auf dem Papier.
Ein Ungeheuer
mit vier Augen
und mit drei Ohren,
ein böses Ungeheuer!

Die kleine Mama
faltet das Blatt
schnell wieder zusammen
und wirft es
in den Papierkorb.
„Hau ab!", sagt sie.

Am Abend kam alles raus:
Tinte auf dem Küchentisch,
Tinte auf dem Teppich im Flur,
Tinte auf dem Schreibtisch,
keine Tinte im Füller!

Jeder konnte sehen,
was die kleine Mama
heimlich gemacht hatte.

Jetzt ist Mama groß
und sehr, sehr brav.
Wenn Julia ungezogen gewesen ist,
dann sagt sie zur großen Mama:
„Erzähl mir etwas
von der kleinen Mama!"

Ute Andresen

Sprachen

Eine Familie zog weit weg in eine andere Stadt. Die Kinder gingen gleich am ersten Tag einkaufen. Sie sollten Wurst und Brötchen für die Möbelmänner holen und der Vater brauchte Nägel.

Als die Kinder zurückkamen, riefen sie: „Hier gibt es keine Wurst und keine Brötchen! Hier gibt's nur Woscht und Weck! Und Nägel gibt es hier auch nicht, nur Neeschel!"
Sie lachten und lachten.

Am nächsten Tag lernten sie die Nachbarskinder kennen. Sie fragten: „Darf man hier auf der Straße Rollschuh laufen und Seil springen?"
Die Nachbarskinder sagten: „Bei uns uff de Gass derf mer laafe un hippe, wie mer will."
Und die Nachbarskinder lachten und lachten.

Es dauerte gar nicht lange, bis die Kinder genauso redeten wie die Kinder in dieser Stadt.

118

Jn den Ferien reisten die Kinder mit ihren Eltern in ein anderes Land. Sie wohnten dort im Zelt auf dem Campingplatz und den ganzen Tag spielten sie mit den Kindern aus den anderen Zelten und den Wohnwagen. Das waren Kinder aus Frankreich, England und Jtalien. Am Anfang konnte keiner den anderen verstehen.

Wenn die Kinder aus Deutschland „Baum" sagten, dann sagten die Kinder aus Frankreich „arbre" und die Kinder aus England sagten „tree" und die Kinder aus Jtalien sagten „albero".

Manchmal konnten sich auch alle gut verstehen. Die Kinder aus Deutschland sagten „Ball" und die Kinder aus Frankreich sagten „balle" und die Kinder aus England sagten „ball" und die Kinder aus Jtalien sagten „palla".

Bald kannte auch jeder ein paar Wörter aus den anderen Sprachen. Dann waren die Ferien zu Ende und die Kinder fuhren wieder nach Hause.

Ursula Wölfel

Ausländer

Mein Papa ist Ausländer.
Und meine Mama ist Ausländerin.
Klaus und ich, wir sind auch Ausländer,
eben jetzt, obwohl wir Deutsche sind.

Denn eben jetzt sind wir in Dänemark.
Ha ha!

Daran hast du nicht gedacht, was?
Dass Deutsche auch Ausländer sind –
im Ausland.

Siv Widerberg

Mimi die Lesemaus Neubearbeitung Ausgabe B

Zu dem Fibelwerk gehören:

Fibel für den Erstleseunterricht, Ausgabe B   Best.-Nr. **80102**-3
120 Seiten, vierfarbig

Arbeitsheft Ausgabe B, 80 Seiten, einfarbig   Best.-Nr. **80103**-1

Lehrerband Ausgabe B im Ordner mit   Best.-Nr. **80108**-2
- unterrichtspraktischen Hinweisen zu Fibel, Arbeitsheft und Kopiervorlagen
- Starthilfen für Kinder mit nicht deutscher Muttersprache (Kopiervorlagen)
- Materialien zum freien Schreiben (Kopiervorlagen)
- Mimi-Geschichten (Kopiervorlagen)
- Hinweise zum Lernen der Schreibschrift

Schreiblehrgang Ausgabe B (Druck- und Schreibschrift)
80 Seiten, einfarbig
Lateinische Ausgangsschrift   Best.-Nr. **80104**-X

Leseübungen Ausgabe B   Best.-Nr. **80109**-0
Kopiervorlagen mit 7 Lernzielkontrollen,
48 Seiten, einfarbig

Lesemaus-Handpuppe Original Steiff   Best.-Nr. **88150**-7

Schülerlesekasten Lesefreude M-LA   Best.-Nr. **88519**-7

Bildkarten Ausgabe B (mit Anlautbildern)   Best.-Nr. **80105**-8
48 Seiten, einfarbig, DIN A4

Mimi-Stempel (3 Stück)   Best.-Nr. **88151**-5

© 1987, 1997 R. Oldenbourg Verlag GmbH, München

2., überarbeitete Auflage 1997

Unveränderter Nachdruck   01 00 99 98 R
Die letzte Zahl bezeichnet
das Jahr des Drucks.

Verlagslektorin: Ute Busche
Layout und Herstellung: Thomas Rein, München
Satz: Horst Gerbert Layoutsatz-Repro, Haar b. München
Reproduktion und Seitenmontage:
Graphische Anstalt Wartelsteiner GmbH, Garching b. München
und Repro Ludwig BetriebsgmbH & Co KG, Zell am See
Druck- und Bindearbeiten:
R. Oldenbourg, Graph. Betriebe GmbH, Kirchheim b. München

ISBN 3-486-**80102**-3

Quellenverzeichnis: S. 9 Herbert Erdmann, *Die kleine Fußballmannschaft*, in: Gedichte für Kinder, Westermann Verlag, Braunschweig; S. 13 Johannes Trojan, *Die Wohnung der Maus*, in: James Krüss, So viele Tage, wie das Jahr hat, Sigbert Mohn Verlag, Gütersloh 1959; S. 14 Foto 1: Bildarchiv Huber, Garmisch-Partenkirchen (Dolder); S. 14 ZEFA, Düsseldorf (Jdem); S. 15 Foto 1: Mauritius, Mittenwald (Cassio), Foto 2: Mauritius, Mittenwald (Saas), Foto 3: W. Gartung, Freiburg; S. 16 Foto: Bernd Hagemann, München; S. 21 Janosch, *Jtzli-pitzli-Rabenfuß*, Rechte bei Janosch; S. 22 *Der Herbst ist da*, in: Die Zugabe Bd. 1, Fidula Verlag, Boppard/Rhein und Salzburg 1979; S. 25 Sylvia Baumgartner, *Geisterstunde*, in: SPATZENPOST, 1988/89 Nr. 3, Verlag Jungösterreich, Innsbruck; S. 29 Jürgen Spohn, *Getuschel*, in: Drunter & Drüber, C. Bertelsmann Verlag, München 1981; S. 33 Richard Meier, *Liebe Oma!*, in: Lesebuch für das 2. Schuljahr der Grundschule, Ernst Klett Verlag, Stuttgart; S. 34 W. Longardt, *Tragt in die Welt nun ein Licht*, in: Spielbuch Religion, Benzinger/Kaufmann, Köln-Lahr, 2. Aufl. 1977; S. 35 Rembrandt, *Hirtenanbetung*, in: National Gallery London; S. 37 1 - 3: Süddeutscher Bilderdienst, München; 4: Keystone Pressedienst Hamburg; S. 39 Angela Sommer-Bodenburg, *Mein Zimmer hat vier Ecken*, in: Jch lieb dich trotzdem immer, Gertraud Middelhauve Verlag, Köln 1982; S. 40 Friedrich Güll, *Ei, du liebe Zeit*, in: Willkommen lieber Tag, Diesterweg Verlag, Frankfurt 1964; S. 41 Christiane Zeller, *Liebe Kinder, es ist Winter*, in: Spielen und Lernen, Velber Verlag, Seelze 83/84; S. 49 Josef Guggenmos, *Wenn ein Auto kommt*, in: Was denkt die Maus am Donnerstag, Georg Bitter Verlag, Recklinghausen 1967; S. 58/59 Grafik: Tatjana Hauptmann, in: Das große Märchenbuch, Diogenes Verlag, Zürich; S. 64 Jürgen Spohn, *Zwicke Zwacke*, in: Der Spielbaum, Reime und Bilder, C. Bertelsmann Verlag, München 1968; S. 66 Abb.: Jörg Müller, in: Jörg Müller/Anita Siegfried/Jürg E. Schneider, Auf der Gasse und hinter dem Ofen. Eine Stadt im Spätmittelalter, Verlag Sauerländer, Aarau, Frankfurt/M. und Salzburg 1995; S. 67 Fotos: Bernd Hagemann, München; S. 71 Ute Andresen, *Zum Heulen*, in: ABC und alles auf der Welt, Ravensburger Buchverlag Otto Maier GmbH, Ravensburg; S. 73 Ute Andresen, *Ein Vogel* (Originalbeitrag); S. 74 Alfred Könner, *Was träumt der Spatz*, in: 120 alte und neue Verse und Gedichte, Ravensburger Buchverlag Otto Maier GmbH; S. 75 Grafik: F. K. Waechter, in: Opa Huckes Mitmachkabinett, Beltz & Gelberg Verlag, Weinheim; S. 77 Anna Möss, Waldkraiburg, *Quak, quak* (Originalbeitrag), Foto: Bernd Hagemann, München; S. 80 Otfried Preußler, *Die kleine Hexe*, K. Thienemanns Verlag, Stuttgart, Grafik: Winnie Gebhardt-Gayler; S. 81 Eveline Hasler, *Hexe Lakritze*, in: Die Hexe Lakritze, Rowohlt Verlag, Hamburg, Grafik: Hans Poppel; S. 82/83 *Die Puppe*, aus: Gloria Carasusan, Selva und Curumina, Artemis Verlag, Zürich und München 1984; S. 85/86 Josef Guggenmos, *Aufregung* und *Was der Kuckuck noch nie gesehen hat*, in: Sonne, Mond und Luftballon, Beltz & Gelberg Verlag, Weinheim; S. 88 Elisabeth Mayenberger, *Annalill am 1. April*, in: Spielen und Lernen 1980/4, a. a. O.; S. 89 Margret Rettich, *Mama und Minni gehen einkaufen*, in: Minni ist die Größte, Loewes Verlag, Bindlach 1977; S. 90 Werner Halle, *Peter malt den Wind*, in: Westermann Lesebuch 1, Westermann Schulbuchverlag, Braunschweig; S. 91 Foto 1: Bildarchiv Huber, Garmisch-Partenkirchen (R. Schmid), Foto 2: Tony Stone, München (Streano), Foto 3: allover, Kleve (Steffen), Foto 4: H. D. Habbe, Flintbek; S. 92 Katrin Arnold, *Blöder Muttertag*, in: Jn allen Häusern, wo Kinder sind, Ellermann Verlag, München 1975; S. 93 Gina Ruck-Pauquèt, *Hausspruch*, in: Wunderwelt, Pädagogischer Verlag Schwann, Düsseldorf; Ute Andresen, *Meine Mama*, in: ABC und alles auf der Welt, a. a. O.; S. 96/97 *Jmmer schwindelfrei*, nach: Elfie Nordheim, Zwei Frauen zeigen den Männern ihr Können, in: Süddeutsche Zeitung, Beilage Nr. 271, S. H. 10, Süddeutscher Verlag 1996, Foto: E. Nowak-Dahms, Mittelstetten; S. 98 Erich Ballinger (Text), *Kreuztanzen*, in: E. Ballinger, Lerngymnastik 1, hpt-breitschopf, Wien 1992; S. 99 Margret Rettich, *Minni stößt sich*, in: Minni ist die Größte, a. a. O.; S. 100 Hans Georg Lenzen, *Anna versteckt sich*, in: H. G. Lenzen, Hasen hoppeln über Roggenstoppeln, C. Bertelsmann Verlag GmbH, München; S. 101 Josef Guggenmos, *Nacht in der Wildnis*, in: Sonne, Mond und Luftballon, a. a. O.; S. 103 Eleanor Farjeon, *Schlafenszeit*, in: Hans Baumann, Ein Reigen um die Welt, Sigbert Mohn Verlag, Gütersloh 1965; S. 104/105 Aliki Brandenberg, *Sag's, tu's, aber freundlich*, ars edition, München 1993; S. 105 Mira Lobe, *Lieber Thomas*, in: Kinder-fähre, Union Verlag, Stuttgart; S. 106/107 Erika Zimmermann, *Der Wäschedieb*, in: Wir spielen Puppentheater, Herder Verlag, Freiburg; S. 108 Hans Baumann, *Löwenzahn und Pusteblume*, Möseler Verlag, Wolfenbüttel; S. 110 Renate Welsh, *Nina und die Sauhaufen*, in: R. Welsh, Nina sieht alles ganz anders, Ravensburger Buchverlag Otto Maier GmbH, Ravensburg; S. 111 Paul Maar, *Anne löst ein Problem*, in: P. Maar, Anne will ein Zwilling werden, Verlag Friedrich Oetinger, Hamburg 1982; S. 112 Josef Guggenmos, *Jch kannte eine Annett*, in: Sonne, Mond und Luftballon, a. a. O., Eberhard Spangenberg, *Pfeifen, Bellen*, in: So einfach ist Theater, Ellermann Verlag, München; S. 113 Margret Rettich, *Mama sagt...* und *Minni möchte gern...*, in: Minni ist die Größte, a. a. O.; Michael Ende, *Ein Schnurps begrüßt jemand, den er gern mag* (Auszug), in: Das Schnurpsenbuch, K. Thienemanns Verlag Stuttgart, Wien, Bern 1979; Charlotte Reinhilde Jugel, Offenbach/M., *Ein Schokokuss...* (Originalbeitrag); S. 114, 115 Peter Weindl, *Ein Fall für Osterhasen*, Andreas Huber, *Mimi am Computer*, Christoph Gebler, *Mimi ist k. o.*, Georg Berndl, *Mimi und der ängstliche Geist*, Schule Schönberg, Lehrerin Marianne Strasser; Sandra Ziegler, *Mimi beim Baden*, Schule Gars, Lehrerin Christa Betz; S. 116/117 Ute Andresen, *Diese kleine Mama*; U. Andresen, Mama findet alles, Jllustrationen von Susann Opel-Götz, Deutscher Taschenbuch Verlag, München 1991; S. 118 Ursula Wölfel, *Sprachen*, in: U. Wölfel, Wie kam der Affe auf die Schulbank, Thienemanns Verlag, Stuttgart; S. 119 Siv Widerberg, *Ausländer*, in: Kinderfähre, a. a. O.

Jnhaltsverzeichnis

Hinweis zum Leselehrgang:
Die blau gedruckten Texte sind zum Vorlesen oder als Differenzierungsangebot gedacht.